AF305630

6 avril 1910

VENTE

Du Mercredi 6 Avril 1910

HOTEL DROUOT, SALLE Nº 6

à deux heures précises

※

Meubles et Objets d'Art

ANCIENS ET MODERNES

BIJOUX, OBJETS DE VITRINE ANCIENS

TAPISSERIES ANCIENNES

ÉTOFFES — TAPIS

COMMISSAIRE-PRISEUR

Mᵉ F. LAIR-DUBREUIL

EXPERTS

MM. PAULME & B. LASQUIN Fils

Objets d'Art Anciens

BIJOUX, OBJETS DE VITRINE

CROIX PROCESSIONNELLES, MINIATURES, BOITES, ÉVENTAILS DES XVe AU XVIIIe SIÈCLE

FAIENCES ET PORCELAINES ANCIENNES

Beau Vase en ancienne faïence de Pisaro à reflets métalliques

PORCELAINE TENDRE DE SÈVRES, CHANTILLY, ETC.

BRONZES D'ART ET D'AMEUBLEMENT

PENDULES ET CARTELS DES ÉPOQUES LOUIS XIV AU 1er EMPIRE

Meubles et Sièges — Glaces

ANCIENS ET MODERNES

Meubles du XVIe siècle en noyer sculpté, Secrétaires, Commodes en marqueterie
Ameublement de salon et Sièges couverts de tapisseries au point

TAPISSERIES ANCIENNES DES XVIIe ET XVIIIe SIÈCLES

Etoffes — Tapis d'Orient

SCULPTURES — OBJETS DIVERS

Dont la vente aux enchères publiques aura lieu

HOTEL DROUOT, SALLE N° 6

LE MERCREDI 6 AVRIL 1910

à deux heures très précises

COMMISSAIRE-PRISEUR	EXPERTS
M° F. LAIR-DUBREUIL	MM. PAULME et B. LASQUIN Fils
6, rue Favart	10, rue Chauchat | 11, rue Grange-Batelière

Chez lesquels se distribue le présent Catalogue

EXPOSITION PUBLIQUE

Le Mardi 5 Avril 1910, Salle n° 6, de 1 h. 1/2 à 6 heures

Don S. de Ric...

CONDITIONS DE LA VENTE

Elle sera faite au comptant.

Les adjudicataires paieront *dix pour cent* en sus des enchères.

Paris. — Imp. de l'Art, Cʜ. Bᴇʀɢᴇʀ, 41, rue de la Victoire

DÉSIGNATION

OBJETS DE VITRINES

1 — Couteau avec manche en nacre, monture en
argent xviiie siècle, et une petite plaque rectangulaire en émail peint en camaïeu : sujet ga-
lant.

2 — Montre en cuivre, avec cadran émaillé à
figure de Mars.

3 — Écritoire en argent, avec encrier en cristal
taillé.

4 — Six manches de couteaux, à tête de chien, et
une paire de petits ciseaux à raisin en argent
ciselé.

5 — Vaisseau en argent en partie doré.

6 — Statuette de saint Jean-Baptiste et une petite
statuette de Vierge en argent en partie doré, du
xviie siècle.

7 — Ceinture formée de plaques en argent repoussé, à sujets tirés de l'Histoire sainte. XVIIIᵉ siècle.

8 — Parure, composée d'un peigne, d'un collier, deux bracelets et deux pendants d'oreilles en or ciselé, et médaillon ovale en biscuit émaillé bleu-turquoise imitant des camées. Commencement du XIXᵉ siècle.

9 — Monstrance en forme de monument, sur pied hexagonal, en cuivre gravé à figures et fleurs. XVIᵉ siècle (en partie).

10 — Partie de croix processionnelle en argent ciselé, à motifs d'architecture et personnages, de la fin du XVᵉ siècle.

11 — Paire d'éperons en argent ciselé. Époque de la Restauration.

12 — Petite croix ancienne en argent doré, enrichie de pierres vertes.

13 — Emblème de corporation en or, avec pierres de couleurs et perles, formé de deux aigles.

14 — Pendentif en or, formé de feuille avec petits rubis et perle.

15 — Montre en or émaillé bleu, ornée d'un médaillon ovale en émail peint : Jeune femme dans un paysage, entourages de petites roses, et une châtelaine en or avec médaillon orné d'un sujet allégorique de la Fidélité en ivoire et nacre sculptés. Époque Louis XVI.

16 — Quatre bagues en or, dont trois ornées de roses, des XVIIe et XVIIIe siècles.

17 — Bague marquise en or émaillé bleu, ornée d'une pierre de couleur et pavée de petites roses. XVIIIe siècle.

18 — Trois miniatures anciennes : Portraits de femmes. Cadres noirs.

19 — Deux petites gravures imprimées sur satin : Sujets allégoriques.

20 — Éventail peint au vernis sur ivoire, décor de réserves offrant des réunions de personnages dans le goût de TENIERS, des portraits de femmes, des oiseaux et natures mortes; au revers, scène de joueurs de boules.

21 — Miniature rectangulaire : Portrait d'homme âgé, vêtu d'une fourrure. Commencement du XIXe siècle.

22 — Plaque ovale en émail peint du XVIII° siècle :
Amours offrant des fruits à Vénus.

23 — Médaillon ovale, peint en émail : Jeune femme
en costume travesti. Monture en or et encadrement de petites roses et rubis. XVIII° siècle.

24 — Miniature ronde sans cadre, du commencement du XVIII° siècle. Signée : *Mouron* : Portrait
de jeune femme en robe blanche.

25 — Boite ronde en écaille blonde; le dessus du
couvercle orné d'une miniature du XVIII° siècle :
Portrait d'homme à jabot blanc.

26 — Boite ronde en racine cerclée d'or; le dessus
du couvercle orné d'un émail peint : l'Escarpo-
lette. Époque Louis XVI.

27 — Miniature anglaise de forme ovale : Portrait
de jeune femme en robe blanche, la chevelure
rousse avec ruban bleu.

28 — Miniature du commencement du XIX° siècle,
de forme ovale, représentant deux enfants nus
dansant. Attribué à CYPRIANI.

29 — Boite rectangulaire en écaille brune, doublée
d'argent doré; le dessus du couvercle orné
d'une miniature : Léda et le Cygne. Encadrement de filet d'émail bleu.

30 — Miniature de forme rectangulaire, représentant une réunion de nombreux personnages dans un parc. Composition dans le goût de LANCRET. Cadre en argent ciselé et doré.

31 — Boîte oblongue à pans coupés en or émaillé bleu lavande, sur fond guilloché; bordure ornée d'une guirlande de fleurs ciselées en relief sur fond amati. Couvercle à charnières orné d'un émail peint. Époque Louis XVI.

32 — Boîte de forme contournée en or ciselé, à sujet pastoral. Encadrement à rocailles. Époque Louis XV.

33 — Tabatière à deux tabacs, de forme oblongue, à bouts arrondis, en or émaillé bleu sur fond guilloché. Bordures de feuillages et perles ciselées en relief et émaillé sur fond amati. Epoque Louis XVI.

FAIENCES ANCIENNES

34 — Potiche en faïence de Delft, décor bleu à lambrequins, montée en lampe.

35 — Tête à tête en faïence fine de Strasbourg; bordure à vannerie en relief, décor de fleurs en couleur. Il comprend un plateau ovale et lobé à deux anses, deux tasses et soucoupe, pot à crème, sucrier et cafetière.

36 — Paire de bouquetières-appliques : fleurs en couleurs sur fond jaune.

37 — Paire de bouquetières en ancienne faïence de Moustiers, décor grotesque en camaïeu vert.

38 — Bassin en ancienne faïence de Perse : feuilles stylisées en noir sur fond vert.

39 — Paire de potiches en ancienne faïence de Delft, décor bleu à corbeilles de fleurs en réserves. Montures en bronze doré.

40 — Compotier en ancienne faïence de Faenza, à bord festonné et fond godronné, décoré d'amours dans un paysage.

41 — Plat à barbe de forme ovale et contournée en ancienne faïence de Mathault, décor de fleurs et lambrequins en couleurs.

42 — Vase à piédouche de forme ovoïde, à col rétréci, à anses, en ancienne faïence de Pisaro, à décor d'arabesques à reflets métalliques sur fond blanc.

43 — Jardinière porte-fleurs de forme demi-lune, à quatre pieds garnis de sequins en relief, en ancienne faïence fine de Sceaux, décorée en dorure de vases de fruits et guirlandes de fleurs.

PORCELAINES ANCIENNES

44 — Les Trois Grâces, groupe en biscuit dur de Chantilly, du commencement du XIXe siècle. Marque de *Bougon et Chalot, fabricants vers 1818.*

45 — Sucrier à poudre couvert, sur plateau adhérent, avec sa cuillère, en ancienne porcelaine tendre de Chantilly, décor fleurs en bleu.

46 — Cache-pot en porcelaine tendre de Chantilly (?), décoré sur fond à quadrillé bleu et pois dorés de réserves de fleurs dans des encadrements de dorure. Anses coquilles.

47 — Petite plaque ovale en ancienne porcelaine tendre de Sèvres, décor d'amours sur des nuages.

48 — Tasse-trembleuse à deux anses, avec couvercle et présentoir, en porcelaine blanche de Sèvres 1863, décorée d'un médaillon ovale avec buste de Louis XVI. Encadrement et filets dorés.

49 — Ecritoire de forme ronde et contournée, munie de trois godets, dont deux couverts et adhérents, en porcelaine genre Sèvres, décorée de bandes circulaires bleu-turquoise et festons de fleurs sur fond blanc.

50 — Bouillon à deux anses, avec couvercle et présentoir, en ancienne porcelaine de Paris décorée sur fond bleu de fleurs et rinceaux en dorure et bandes blanches circulaires, avec guirlandes de fleurs en couleur.

51 — Grande tasse-trembleuse à une anse, avec couvercle et présentoir, en porcelaine de Paris décorée de compartiments alternant fond pointillé d'or et blanc, chargés de bouquets de fleurs en couleurs et rubans bleus. Époque Louis XVI.

52 — Grande tasse-trembleuse en porcelaine de Paris, à deux anses, avec couvercle et présentoir, à décor de fleurettes et insectes en couleurs, bordures à entrelacs et guirlandes de dorure. Époque Louis XVI.

53 — Encrier de forme ovale, à quatre pieds griffes reposant sur un socle à pieds boules, en porcelaine de Chelsea fond gros bleu, décor à réserves d'oiseaux. Encadrements, pieds et bordure en dorure.

54 — Compotier en ancienne porcelaine de Paris, de forme ronde, à bord festonné, décor à fleurs.

55 — Sucrier couvert avec plateau adhérent, de forme ovale et contournée, en ancienne porcelaine tendre de Sèvres, décoré en camaïeu gris

de rinceaux et guirlandes de fleurs sur bandes lie de vin. *Année 1789.*

56 — Tasse et sa soucoupe de forme arrondie, et un présentoir de forme ovale et contournée. en ancienne porcelaine tendre de Sèvres, fond vert, décorée de réserves de fleurs dans des encadrements de rinceaux feuillagés en dorure.

57 — Statuette en biscuit de Sèvres : Racine écrivant, assis dans un fauteuil.

58 — Six tasses et leurs soucoupes en porcelaine de Saxe, décor en couleurs de paysages et fleurs. Bordure à hachures rouges.

59 — Statuette en porcelaine allemande : Joueuse de vielle, assise sur un tronc d'arbre.

60 — Service à thé et à café en ancienne porcelaine de Nymphembourg, à décor de fleurs en couleurs. Il comprend théière, cafetière, sucrier couvert, six tasses et leurs soucoupes.

61 — Paire de vases en porcelaine du Japon polychrome. Monture à piédouche et collerette en bronze doré.

62 — Paire de petits vases-balustres en ancienne porcelaine du Japon, décor en relief et polychrome. Monture en bronze. Style Louis XV.

OBJETS DIVERS
SCULPTURES, GLACES

63 — Lanterne en émail de Limoges, décor de fleurs et rinceaux en relief en blanc sur fond noir.

64 — Bouteille en verre bleu. Monture en argent, à pampres de vignes.

65 — Pare-étincelle-éventail en cuivre.

66 — Petit chenet extrémité à vase en bronze doré.

67 — Petit miroir à bordure d'argent estampé, coquilles et fleurs.

68 — Un lot de fenêtres en bois, avec ferrures de l'époque Louis XVI, provenant d'une gondole ayant appartenue à Marie-Antoinette.

69 — Buste de femme en terre cuite. xviiie siècle.

70 — Statuette de Vénus de Milo. Statuette en terre cuite.

71 — Statue demi-nature : Flore et Amour, en marbre blanc. Style xviiie siècle.

72 — Médaillon en marbre tendre, signé *Guayard* : Profil du roi Louis XVIII.

73 — Miroir rectangulaire, dans un cadre en bois sculpté ciré.

74 — Miroir, cadre en bois sculpté doré, à rocailles. Époque Louis XV.

75 — Deux têtes d'anges terminant en feuillages, formant consoles, en bois sculpté, du xviiie siècle.

76 — Paire de supports-appliques en bois sculpté ajouré, à rocailles et fleurs. xviiie siècle.

77 — Petit miroir mobile, avec coffret à toilette en marqueterie de bois, écaille et émail. Époque Louis XIV.

78 — Œil-de-bœuf en tôle vernie, décoré de pampres de vigne en dorure. Époque Empire.

79 — Glace avec cadre en bois sculpté doré et ajouré, à rinceaux et branchages fleuris; fronton à chimères et cartouche à masque de femme. Époque Louis XIV.

80 — Glace avec cadre en bois sculpté doré, à rinceaux et branchages enguirlandés de fleurs; fronton à rocailles ajourées. Époque Louis XV.

81 — Glace avec cadre en bois sculpté doré; fronton orné du sujet: le Renard et la Cigogne. Époque Louis XIV.

BRONZES. PENDULES

82 — Statuette allégorique de femme, assise sur une gaine, en bronze patiné. XVIIᵉ siècle.

> Haut., 38 cent. 1/2.

83 — Pendule Louis XIV en marqueterie de cuivre et écaille rouge, ornée de bronzes, cariatides, figures d'anges et du Temps, etc.

84 — Cartel en bronze doré, à motifs de feuillages et rocailles. Le cadran signé : *Charles Le Roy, à Paris*. Époque Louis XV.

85 — Pendule en bronze doré, à sujet de Diane et Actéon. Époque Empire.

86 — Statuette d'enfant nu en bronze doré, du XVIIIᵉ siècle, sur un socle en marbre bleu turquin.

87 — Petite statuette de femme drapée en bronze doré. Commencement du XVIIᵉ siècle. Socle fût en marbre rouge.

88 — Pendule en bronze doré, de l'époque du Premier Empire, à sujet de jeune femme assise sur un canapé et allaitant un enfant. Socle en marbre vert de mer.

89 — Petite pendule en bronze doré, de l'époque Louis XVI. Le mouvement, supporté par deux consoles, est surmonté d'un vase et accoté d'un trophée de drapeau et d'une statuette d'enfant guerrier.

90 — Petite pendule en bronze ciselé et doré, de forme console, à attributs, frises de rinceaux, surmontée de deux colombes se becquetant sur des nuages. Cadran marqué : *Baillon, à Paris*. Époque Louis XVI.

91 — Statuette de bergère en bronze patiné. Socle en marbre bleu turquin.

92 — Paire de grands chenets en bronze ciselé et doré, modèle à vases, cassolettes et pommes de pin. Style Louis XVI.

93 — Paire de petits chenets et galerie en bronze patiné et doré, avec sujet : Frileux et Frileuse. Style Louis XVI.

94 — Écritoire en marbre noir et bronzes, avec figurine : le Penseur. *Édition Barbedienne.*

95 — Coupe, à deux coquilles séparées par un groupe de femmes, en bronze doré. Signée : *Ferville.*

96 — Paire de chenets en bronze, ornés chacun d'un chien griffon couché. Époque Louis XVI.

MEUBLES, SIÈGES

97 — Meuble à deux corps, ouvrant à quatre portes et à tiroirs médians, en noyer sculpté, à palmettes et têtes d'anges. Fin du xvie siècle.

98 — Table de nuit à quatre pieds cambrés, ouvrant à deux portes, en marqueterie de bois de rose ; côtés ajourés en forme de cœur. Dessus de marbre de couleur. Époque Louis XV.

99 — Table de nuit en marqueterie de bois de rose et violette, ouvre à une porte et un tiroir latéral, repose sur quatre pieds cambrés. Époque Louis XV.

100 — Petit bureau de dame, plat et de forme contournée, en marqueterie de bois de rose et violette, de l'époque Louis XV, orné de bronzes dorés.

101 — Petit bureau plat de forme rectangulaire en acajou et baguettes de cuivre, à quatre pieds gaines cannelés. Dessus de cuir, ceinturé de bronze. Époque Louis XVI.

102 — Paire de consoles en bois sculpté peint. Dessus de marbre rouge des Pyrénées. Époque Louis XVI.

103 — Grande armoire en bois sculpté à colonnes détachées et marqueterie de bois clair, ouvre à deux portes et tiroirs. Travail suisse. Époque Louis XIII.

104 — Lit en bois sculpté laqué blanc, de l'époque Louis XVI, avec son sommier.

105 — Bout de bureau en marqueterie de bois de violette, ouvrant à six tiroirs. Époque Louis XV.

106 — Table ovale en marqueterie de bois de rose, à quatre pieds cambrés et tablette d'entrejambe. XVIIIe siècle. Dessus de marbre blanc.

107 — Secrétaire droit à abattant, tiroir supérieur et deux portes à la partie inférieure, en bois de placage. Dessus de marbre gris. Époque Louis XVI.

108 — Secrétaire droit en bois de placage; il ouvre à un tiroir supérieur, abattant et deux portes inférieures. Dessus de marbre gris. Époque Louis XVI.

109 — Grande commode à trois rangs de tiroirs en marqueterie de bois de couleurs à fleurs. Dessus de marbre gris. Époque Louis XVI.

110 — Console en bois sculpté doré, ceinture ajourée à frise de postes, guirlandes de fleurs détachées. Dessus de marbre blanc. Époque Louis XVI,

111 — Console en bois sculpté, peint et doré, à
ornements d'entrelacs, palmes et têtes de béliers,
de forme rectangulaire, à trois faces et quatre
pieds fuselés, cannelés et palmés. Dessus de
marbre. Époque Louis XVI.

112 — Autre console de dimension et forme ana-
logues à la précédente, ornements différents.
Époque Louis XVI.

113 — Petite commode à deux tiroirs en bois de
placage, ornée de bronzes et dessus de marbre.
XVIIIe siècle.

114 — Petite table-poudreuse en marqueterie de
bois de rose et violette, à quatre pieds gaines.
Époque Louis XVI.

115 — Petite commode à trois rangs de tiroirs en
acajou, à cannelures et baguettes de cuivre.
Dessus de marbre blanc, à galerie de cuivre
ajouré. Époque Louis XVI.

116 — Petite horloge à gaine en bois de placage,
mouluré de cuivre. Elle est munie d'un mouvement avec son cadran ancien.

117 — Table-poudreuse en bois de placage, le
dessus s'ouvrant à couvercle et à un tiroir.
Époque Louis XVI.

118 — Petite table-rognon à trois pieds cambrés
en bois de placage, ouvre à un tiroir. Dessus
de marbre blanc et galerie. Cuivre ajouré.

119 — Bergère en bois sculpté peint blanc, couverte
de soie fond jaune, de style Louis XVI.

120 — Table de milieu à quatre faces, de forme
rectangulaire, en bois sculpté doré, à rocailles
et feuillages ajourés, avec écusson fleurdelisé.
Dessus de marbre.

121 — Table de forme ovale et contournée, à quatre
pieds volutes et croisillon richement ornementé
de feuillages, fleurs et rocailles ajourés. Dessus
en bois.

122 — Ecran en bois sculpté ciré, à enroulement de
ruban séquins, feuillages et nœud de ruban,
de l'époque Louis XVI, avec feuille en tapisserie
au point.

123 — Horloge à gaine en bois sculpté, à coquilles,
chutes de fleurs et rinceaux ajourés.

124 — Porte d'armoire en bois mouluré et sculpté.
Époque Louis XV.

125 — Vitrine de forme contournée, ouvrant à deux
portes, la partie inférieure peinte au vernis à
sujets de paysages, ornée de bronze. Style
Louis XV.

126 — Grand fauteuil en bois sculpté, du XVIIe siècle.

127 — Mobilier de salon, comprenant un canapé, deux bergères et six fauteuils, en bois naturel, recouvert d'ancienne tapisserie au point. Époque Empire.

128 — Petit fauteuil en bois sculpté ciré, de l'époque Louis XVI, couvert d'ancienne tapisserie au point.

129 — Fauteuil, de l'époque Louis XVI, à dossier médaillon, en bois sculpté peint blanc, couvert de cuir. Porte une signature illisible.

130 — Tabouret de pied en bois sculpté peint blanc. Louis XVI.

131 — Autre tabouret de pied en bois sculpté peint blanc, style Louis XV, couvert de soie rouge.

132 — Tabouret à quatre pieds en bois sculpté doré, de style Louis XVI, couvert d'ancienne tapisserie d'Aubusson.

133 — Tabouret à pieds X en bois sculpté peint, couvert de tapisserie au point à vase de fleurs.

134 — Bergère à oreilles en bois sculpté, garnie de soie brochée. Style Louis XVI.

TAPISSERIES ANCIENNES
ÉTOFFES, TAPIS

135 — Tapisserie-verdure des Flandres, de la fin du xvie siècle, à grands feuillages et oiseaux exotiques. Encadrement de fruits, fleurs et feuillages sur fond jaune.

> Haut., 3 m. 20 cent.; larg., 4 m. 20 cent.

136 — Panneau en ancienne tapisserie du xviiie siècle, à sujet de parc et château. Bordure d'encadrement (sur trois côtés) fond noir, à décor de fleurs et lambrequins et perruches. xviiie siècle.

137 — Panneau étroit en ancienne tapisserie-verdure d'Aubusson.

138 — Lot de damas rouge ancien.

139 — Panneau en ancien damas rouge à fleurs (quatre lais). xviiie siècle.

140 — Panneau en tapisserie au point, de l'époque Louis XIII, à décor en couleurs de branchages fleuris, chimères et animaux divers sur fond jaune. Cadre baguette en noyer sculpté.

> Haut., 78 cent.; larg., 1 m. 60 cent.

141 — Panneau en tapisserie au point du xviie siècle : sujet à grands personnages dans un palais.

142 — Deux chasubles en soie blanche damassée, avec croix brochée de fleurs en couleur et métal doré. xviiie siècle.

143 — Chasuble en damas rouge, avec croix en soie blanche brochée à bouquets de fleurs en couleurs. xviiie siècle.

144 — Deux chasubles, une en soie brochée crème et rouge cerise, l'autre en taffetas violet et croix blanche brochée de fleurs. xviiie siècle.

145 — Chasuble en soie brochée à rayure et fleurettes fonds blanc et crème. xviiie siècle.

146 — Dalmatique en soie, à rayures vertes et fleurettes, avec bordure en soie richement brochée de fleurs en couleur sur fond gros vert. xviiie siècle.

147 — Tapis de table persan en velours bleu, brodé de métal argenté et doré.

148 — Trois tapis marocains. (Sera divisé.)

119 — Grande carpette orientale, décor polychrome.

150 — Carpette de Smyrne, le centre fond rouge,
encadrée de bandes fonds bleu, blanc et vert.

Haut., 1 mètre; larg., 2 m. 80 cent.

151 — Objets non catalogués.

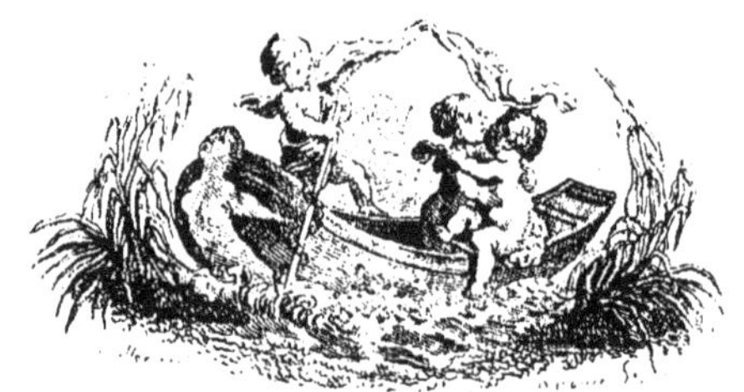

www.ingramcontent.com/pod-product-compliance
Ingram Content Group UK Ltd.
Pitfield, Milton Keynes, MK11 3LW, UK
UKHW031718170726
13836UKWH00001B/319